# CONFESSION

## *GÉNÉRALE*

DE SON ALTESSE SÉRÉNISSIME

Mgr. LE COMTE D'ARTOIS.

# CONFESSION GÉNÉRALE

DE SON ALTESSE SÉRÉNISSIME

Mgr. LE COMTE D'ARTOIS,

*Déposée, à son arrivée à Madrid, dans le sein du T.-R. P. Dom* JÉROME, *Grand Inquisiteur, & rendue publique par les ordres de Son Altesse, pour donner à la Nation un témoignage authentique de son repentir.*

IMPRIMÉE DANS LES DÉCOMBRES DE LA BASTILLE

---

*Confiteor Deo & Populo.*

---

A PARIS,

Chez le Secrétaire des Commandements de Mgr. l'Archevêque de Paris.

Et chez tous les Supérieurs des Communautés, même celle de Saint-Lazare.

*Le 23 Juillet 1789.*

# CONFESSION GÉNÉRALE

## *De Son Altesse Sérénissime.*

LES yeux remplis de larmes, que la rage ſeule faiſoit couler, déteſtant moins ſon infâme conduite, que pénétré du regret de n'en pas recueillir le fruit, S. A. S. Monſeigneur le Comte d'Artois arriva à Madrid, après avoir penſé éprouver à Lyon la fureur légitime d'un peuple juſtement irrité : tantôt il ſe repréſentoit la perte des careſſes lubriques de ſon illuſtre belle-ſœur, les emportements de la Tribade Polignac ; enſuite l'ambition ſuccédoit à ce reſſouvenir amer ; les réflexions ſiniſtres aſſiégeoient ſon cœur ; & le déſeſpoir de n'avoir pu conſommer ſon exécrable forfait, augmentoit l'affreuſe ſituation de ce coupable Prince.

» Eh quoi ! ſe diſoit-il, doutant même de ſon exiſ» tence ; ſuis-je bien moi ? quelle révolution ! & quelle » en ſera la ſuite ? C'eſt donc en vain que l'amour, » cette paſſion tyrannique, m'a fait tout entreprendre : » adultere, preſque aſſaſſin, j'ai violé les droits les » plus reſpectables, ceux de fraternité & d'époux. Ce » ſont les fruits adultérins d'une union réprouvée, qui

» doivent un jour régir la Monarchie Françaiſe. Au » fond du cœur mépriſant le Monſtre qui ſecondoit » mes vues criminelles, j'ai contribué à ſes plaiſirs, » pour me frayer un chemin qui pût me conduire au » Trône; un inſtant de plus, & la France étoit à moi; » les Miniſtres m'étoient dévoués, la lâche trahiſon » me donnoit la moitié des ſuffrages, la force & la » violence m'aſſuroient de l'autre : un Breteuil un Barentin, parvenus à s'emparer du timon de la Monarchie, avoient dépoſé dans mon ſein le ſerment » ſacré d'une odieuſe & indigne fidélité. Un inſtant » un ſeul inſtant a tout détruit : du faîte des grandeurs » je tombe dans l'aviliſſement; l'horreur & l'exécration » ſont les ſeuls ſentiments que j'inſpire, & mon nom » déſormais ne ſera plus que le ſignal de la terreur » & de l'effroi.

» Quel parti prendre! Divinités infernales! vous » à qui j'ai toujours ſacrifié, préſidez maintenant à » mes idées : ma raiſon eſt bouleverſée, ſoyez-moi » propice, & je vous voue un hommage éternel.

» Mais quel rayon de lumiere vous faites luire à » mes yeux, & quel ſentiment vous faites naître en » mon cœur! Déjà mon eſpoir ſe rétablit. O Satan, mon Génie tutélaire, non, ce n'eſt point en » vain que je t'invoque! D'Artois ſera toujours d'Artois, l'ennemi de la Nation, & ton fidele ſuppôt «.

C'eſt ainſi que raiſonnoit l'indigne rejetton d'un ſang illuſtre, c'eſt un Bourbon qui dans ſon cœur prononce le ſerment affreux d'accabler le peuple de ſa haine; & pour l'aider à y réuſſir, la Politique fuit de la Cour Françaiſe & le ſuit en Eſpagne pour l'infecter de tout ſon poiſon.

Quel changement & quel affreux tableau d'hypocriſie va nous préſenter S. A. arborant l'étendart de l'humilité, pouſſant des ſoupirs affectés par intervalle, ſe frappant la poitrine; telle eſt la maniere que le Comte d'Artois, paroiſſant ſe traîner à peine, emploie pour ſe préſenter au Tribunal affoibli de l'Inquiſition. Son titre qu'il a tant de fois méconnu, l'honneur de ſon nom dont il s'eſt rendu tant de fois indigne, le font parvenir aux pieds de Dom Jérôme, grand Inquiſiteur. Après avoir frappé trois fois la terre de ſon front, ſuivant l'uſage, humblement baiſé le pan de la robe du R. P. Hypocrite, d'Artois s'exprime en ces termes :

» O mon Pere! organe ſacré de la Majeſté Divine, » c'eſt à vos genoux que je viens réclamer la miſé» ricorde d'un Dieu dont je redoute le courroux; » puis-je eſpérer d'obtenir quelque grace? le nombre » de mes iniquités eſt ſi grand que j'ai tout lieu de » déſeſpérer du pardon. C'eſt en dépoſant le fardeau » dans votre ſein que je vous ſupplierai d'employer » auprès de lui votre interceſſion : ce n'eſt pas ſeu» lement le cri de ma conſcience qui m'aſſaille; c'eſt » encore les gémiſſements d'un peuple que j'ai rendu » malheureux. Artiſan de ſon infortune, ſa miſere » eſt mon ouvrage. J'ai égaré le plus tendre des freres, » un Roi vertueux; j'ai fait un Monarque foible; » j'ai aveuglé toute une Nation ſur ſes qualités royales, » & la deſtruction totale du Royaume étoit le vœu

» de mon cœur ; j'en aurois ſans doute vu l'accom» pliſſement ; ſi l'Etre ſuprême n'avoit regardé les » François en pitié.

» Daignez donc, ô mon pere, me reconcilier avec » moi-même ! L'énormité de mon crime m'a rendu vil » à mes propres yeux ; la naiſſance, le rang devoient » me rendre l'exemple de l'univers ; la baſſeſſe de ma » conduite m'en a rendu l'opprobre «.

Le Religieux, trompé par cette douleur apparente & les démonſtrations de ce faux repentir, entreprit de conſoler S. A. en lui diſant : eſpérez, eſpérez tout, mon fils, de la grace divine ; ſi la voix publique condamne avec raiſon le tiſſu d'abominations que vous avez commiſes, » l'aveu que vous allez en faire, » la pénitence que le Très-Haut vous impoſera par » mon miniſtere, ſera le fondement de votre retour » à la vertu, & le premier acte de votre réſignation » à ſa juſtice : deſcendez dans votre cœur, & courbez-» vous devant l'image de votre Dieu «.

On preſſent bien que ce commandement propageoit la rage dans le cœur de S. A. toute la terre connoît l'orgueil de ce Prince, & il ne falloit pas moins que la néceſſité pour qu'il s'y ſoumît. La néceſſité, cette loi impérieuſe, lui crioit aux oreilles : *Superbe, humilie-toi.* Tout le détermina à embraſſer ce parti. Après donc quelques momens d'un feint anéantiſſement, S. A. pouſſant des ſoupirs, fit au grand Inquiſiteur la confeſſion des atrocités qui le rendront à jamais l'objet du mépris & de la haine.

» Non ſeulement, mon Révérend Pere, je vais par

» ma ſincérité, chercher à regagner les faveurs cé» leſtes ; mais encore je veux que mon repentir ſoit » public, & dévoiler à la Nation, que j'accablois » d'outrages, les forfaits que je vais dépoſer dans » votre ſein. Puiſſe un peuple qui me déteſte, avec » raiſon, oublier en partie que je ſuis le principe de » ſon déſaſtre, & ne me pas ſacrifier à ſa vengeance, » en voyant les larmes de ſang que le remords me » fait verſer.

» Je gliſſerai rapidement ſur mes premieres années. » L'éducation des Princes, ſi brillante en apparence, » mais vicieuſe en tous ſes points, fut la baſe de ma » conduite : un caractere méchant, féroce même, an» nonçoit déjà dans mon enfance à la Nation Fran» çaiſe que je ſerois ſon oppreſſeur.

» Tout favoriſoit alors le penchant décidé qui me » portoit au mal. La mort de Louis XV, l'élévation » de mon frere aîné, ſa bonté naturelle qui éloignoit » de ſon ame le ſoupçon du crime, ſa confiance, ſa » ſécurité, les acclamations, les éloges de ſon peu» ple, l'aſſuroient de la félicité publique ; il la » croyoit éternelle. Hélas ! quelle étoit ſon erreur ! il » ignoroit que les Princes de ſon Sang, ſon frere » même, ſon propre frere, que tout devoit rendre » les protecteurs chéris de la Nation, travailloient » ſourdement à ſa deſtruction.

» Ce fut du moment que la diſſipation & les exceſ» ſives prodigalités penſerent épuiſer l'immenſité de » mes moyens, que je m'égarai, me perdis ; l'in» juſtice me domina ; la ſoif brûlante des richeſſes

» vint me tourmenter ; je n'y pus résister, & rien ne » put réprimer les concussions que je mis en usage » pour augmenter mes revenus. Je tyrannisai mes vassaux ; insensible à leurs peines, à leurs fatigues, » je les rançonnai sans pitié, & le plus souvent je » sacrifiai au hasard du jeu, & à la vîtesse d'un cheval » anglois, ce fruit de la rapine & de la vexation.

» Non, jamais je ne puis me rendre assez coupa- » ble, ô mon Pere ! il faut, que dis-je, il faut ? » l'honneur que j'outrageai, la religion que je mé- » prisai, la douleur que je ressens, tous ces justes » motifs me font un devoir, me contraignent à vous » accuser quelle étoit alors la noirceur de mon ame » & l'indignité de mes sentiments. Oui, mon Pere, » c'étoit peu pour mon lâche cœur d'opprimer ainsi » l'infortuné ; le plus pur de son sang suffisoit à peine » pour étancher la soif cruelle dont j'étois dévoré. » Promenant sur le Trône des regards envieux, je » maudissois le destin de m'avoir fait naître le plus » jeune de mes freres ; je l'accusai d'injustice, & dès » ce moment je vouai à mon frere, à mon Roi, une » haine dont il ne tarda pas à éprouver les barbares » effets.

» Je m'appliquai sérieusement à connoître sur quel » fondement un Monarque établissoit sa grandeur ; je » reconnus qu'elle étoit fixée sur l'équilibre, & que » peu de choses suffiroit à lui faire perdre. La ten- » dresse du Peuple l'avoit toujours maintenu : je tra- » vaillai à l'anéantir, & j'y parvins. Les infâmes » agents que je produisis au ministere servirent mes

» complots, & le meilleur des' Rois séduit, égaré, » perdit par dégrés l'amour du François. O mon Pere! » tels furent les premiers pas que je fis dans la car» riere du crime.

» L'état affreux de la France est mon ouvrage. Je » vous l'accuse, j'avois médité sa ruine; & sa perte » étoit l'aliment qui nourrissoit mon ambition. Les » conseils & les sages représentations d'une épouse » vertueuse ne mirent pas de frein à ma rage effré» née; elle ne fit qu'allumer mon ressentiment; je » l'accablai d'outrages, & les moins détestables que je » lui fis essuyer, fut de lui associer les plus viles » Catins & les plus lubriques Courtisannes de ce siecle.

» Sortant de ses bras où le caprice me ramenoit » parfois, je ne laissai jamais subsister aucun doute » sur mon intention, & je ne lui dissimulois point » que le devoir ni le sentiment n'avoient aucune part » à mes caresses. Je poussai la barbarie jusqu'à l'ins» truire de mes déréglements. J'affichai la déprava» tion, sans avoir la politique de voiler mes dépor» tements.

» Violemment incommodé *d'une indigestion de bis-* » *cuits de Savoie* (1), je vais, disois-je à mon co» cher, *prendre du thé à Paris.* La Duthé, cette in» fâme créature, cette exécrable Messaline sortie de » la fange des plus sales B...... de la Capitale, devint

---

(1) Jeu de mots sur Marie-Thérese de Savoie, Comtesse d'Artois, & la Duthé, P..... si renommée, dont le faste écrasoit celui de la Majesté Royale.

» mon idole & l'objet de mon culte & de mes hom» mages. Je les lui offris en public ; & bravant in» solemment la censure de mon Roi, l'indignation » d'un Peuple que je méprisois, je forçai ceux qui » étoient sous ma dépendance, à plier le genou de» vant l'odieuse prostituée que j'adorois.

» O mon digne & très-Révérend Pere ! comment, » sans mourir de honte, vous faire le détail de mes » courses nocturnes, les orgies scandaleuses que j'y » commettois, les risques que j'y courus ! Compro» mis dans les plus noirs taudions, avec les scélérats » & le rebut de la populace ; un Prince du Sang » Royal, un Frere du Roi, mangeoit, buvoit fami» liérement avec cette race abjecte ; & m'assimilant » avec eux de cette sorte, je ne rougissois pas de me » déclarer leur confrere & leur appui.

» Un mal affreux germa dans mon sein ; ce noir » poison, distillé par le libertinage, pensa devenir » funeste à ma digne & adorable épouse : alors je cessai » de fréquenter ces obscurs & dégoûtants repaires, » sans cependant en devenir plus sage, & je présen» tai de nouveaux vœux à la prostitution.

» Contat, cette volage Actrice, dont la renommée » publioit les charmants attraits, enflamma mon cœur » de la passion la plus vive ; & sans m'arrêter à l'in» digne source dont elle est sortie, (1) sans aucune

---

(1) La Contat est fille d'une revendeuse de fruits, & d'un

» considération pour son état, si incompatible avec » mon rang & mon nom, je m'étourdis sur la bassesse » dont je me rendois coupable; je bravai la clameur » publique sur le tableau sincere de ses abominables » mœurs; je fis de Contat ma divinité.

» C'est dans les embrassements de cette Prêtresse de » Priape que j'épuisai tous les ressorts de la fausse vo-» lupté : pour me plaire, elle me dévoila tous les se-» crets de l'Arétin, dont la pratique m'a depuis tou-» jours été chere. Je m'énervai par la brutalité de mes » révoltants transports, & je n'avois plus, pour la cé-» leste compagne que le Ciel m'avoit donnée, que la » froideur la plus insultante.

*Bagatelle.* » Ce charmant asyle de la débauche » devint le sanctuaire de la mollesse & du libertinage : » mes complaisants & délicats pourvoyeurs fournis-» soient tous les jours ce temple de nouvelles Déesses; » j'y promenois des regards languissants ; mes sens » émoussés par les jouissances de tous genres que je » m'étois procurées, ne se ranimoient qu'à peine; il » falloit les exciter par l'attrait piquant de la nou-» veauté ; c'est ce que je fis.

» J'osai jetter un œil prophane sur Madame la Du-» chesse de Bourbon : ce secret inconnu jusqu'alors

---

Mouchard de Robe-Courte. Son frere, Sacripant de la premiere classe, exerce encore cette honorable fonction, & cette héroïne de coulisses est sans contredit l'Actrice la plus déréglée de tous les théatres.

» me couvre encore de honte & de confuſion : mon » aveu coupable irrita ſa vertu. Déſeſpéré de ce re- » fus, je l'inſultai, & tout Paris fut témoin de la » vengeance de ſon époux ; j'y fis remarquer la lâcheté » dont mon cœur eſt ſuſceptible ; & je fis connoître » à la Nation Françaiſe combien je me ſouciois peu » de démentir & déshonorer un ſang illuſtre.

» Malgré la politique dont je me ſervois, l'infamie » de ma conduite commençoit à percer ; l'indignation » ſoulevoit les eſprits ; les épigrammes ſanglantes & » méritées m'étoient adreſſées de toutes parts : je m'éloi- » gnai, & Gibraltar fut le théatre que je choiſis pour me » ſignaler par de nouveaux exploits.

» Vous les connoiſſez, ô mon Pere ! l'adulation me » couronna de lauriers, & la vérité me les arracha ! » Hué, ſifflé de tous les vrais braves ; guerrier ſans » gloire, frere ſans amitié, pere ſans naturel, époux » ingrat, citoyen perfide, prince ſans délicateſſe, il » ne manquoit à tous ces titres qui m'étoient diſtri- » bués par toutes les bouches & les cœurs de la Capi- » tale, que celui de lâche patriote. Avec juſtice on » me le décerna. Aujourd'hui proſcrit, rejetté de mon » auguſte Famille, le peuple a mis ma tête à prix : » eût-elle tombée ſous ſon glaive vengeur, & mon » cadavre ſouillé par la pouſſiere & foulé aux pieds, » privé de ſépulture, je n'aurois que foiblement expié » mes forfaits.

» A meſure que je perdois l'eſtime & la confiance » publiques, la rage s'accrut dans mon ame, le nom » Français me devint odieux ; j'abhorrai ſon exiſtence,

» & j'associai mon farouche ressentiment à la barbare » R . . . . , que le plus malheureux des Rois avoit » prise en Germanie pour former le bonheur de ses » jours.

» Nos cœurs furent bientôt unis ; le crime le plus » atroce cimenta cette union. Sans égards aux droits » du sang, je souillai la couche nuptiale, & fis fé- » conder la Famille Royale. Plus de mystere alors ; » ne respirant plus tous deux que fureur & vengeance, » nous nous assurâmes des Ministres ; nous nous défî- » mes des gens vertueux dont la gêne continuelle » contrarioit nos desseins ; nous pillâmes le Trésor » Royal ; & le Pere du Peuple, obsédé de traîtres, » ignoroit le malheur de ses enfants, & l'orage affreux » qui menaçoit la Monarchie.

» L'exécrable Polignac, ce monstre détesté, ce » monstre indéfinissable, comme une quatrieme furie, » se joignit à la cabale, & se fit une gloire d'en di- » riger les insignes manœuvres. Adorée de la R.... » à laquelle elle avoit fait adopter ses goûts infâmes, » elle se partageoit alternativement entr'elle & moi, » & nous avions formé par cette intime réunion le » plus affreux trio.

» Rien ne coûte à cette Mégere ; son ame passa » dans la mienne ; le même génie nous anima ; nous » épuisâmes la France ; crime léger, qui ne suffisoit » pas à notre fureur ; la destruction totale de ses Ha- » bitants étoit le vœu le plus ardent de notre cœur.

» Cond., Cont., de Guiche, tout aussi lâches, aussi » perfides que nous, augmenterent le nombre des ty-

» rans de la Nation, nous soufflâmes dans le cœur de » la Noblesse l'affreux poison de la discorde. Nous lui » fîmes envisager les droits violés, sacrifiés au titre » chimérique de Citoyen, & nous en fîmes autant » d'ennemis du peuple & de la liberté.

» Notre ligue qui paroissoit indestructible, grossissoit tous les jours. Déjà nous ne gardions plus le » secret. Levant insolemment nos têtes altieres, nous » rejettions avec dédain les supplications & les lar-» mes des habitants, rongés par l'affreuse misere que » nous avions fait naître; quelques jours de plus, & » des fleuves de sang inondoient la Capitale: Déjà » ils se présentoient à nos yeux, & nous nagions » d'avance avec ravissement dans ces sources déli-» cieuses.

» Les Citoyens massacrés l'un par l'autre; les ha-» bitants égorgés par une troupe de brigands enrégi-» mentés, aveuglément soumise à nos ordres barba-» res; les Cadavres expirants les uns sur les autres: » voilà, mon Pere, le trophée que nous voulions » élever à notre gloire immortelle, & le spectacle en-» chanteur que nous nous préparions.

» La Ville réduite en un monceau de cendres, coup-» d'œil flatteur pour de nouveaux Neron, présentoit » à nos regards la plus agréable perspective, & les pré-» liminaires les plus sanglants annoncerent à la Patrie » le signal horrible de la terreur & de la proscrip-» tion.

» Cette affreuse conspiration touchoit au terme fa-» tal de son exécution; les maisons étoient désignées;

» cent

» cent mille habitants alloient périr victimes de notre » rage, lorfque la main de l'Etre fuprême détourna » les coups cruels que nous allions porter, & l'im- » prudence trahit nos vues criminelles.

» Le féroce Lambefc, à la tête d'une troupe de ti- » gres altérés du fang français, fe livre trop tôt au fen- » timent qui nous animoit : aveugle dans fes horri- » bles tranfports, il commence l'alarme générale, & » détruit nos projets par fa promptitude & fon im- » patience.

» Les Miniftres de notre rage n'étoient point prêts, » nos fatellites n'étoient point arrivés ; le nombre » qui nous avoit vendu leurs bras & leur vie, étoit » trop foible pour oppofer à la vile populace que » nous avions juré d'exterminer ; défenfeurs de fes » jours, de fon exiftence, de fa liberté, les Citoyens » s'ameutent, s'arment & renverfent en un inftant nos » plus cheres efpérances.

» Terribles & bouillonnants de fureur, les vaillants » Parifiens menacent nos jours pour lefquels nous » commençons à trembler. L'horreur fe répand, le » fang des traîtres coule : prifonniers dans Verfailles » tous les paffages font obftrués, & nous voyons avec » douleur le triomphe national.

» Journée malheureufe, où nous vîmes anéantir » nos effroyables deffeins ! Les larmes couloient de » nos yeux, la rage feule en faifoit naître la fource ; » nos amis, nos partifans, les fcélérats ennemis du » patriotifme, cruellement mutilés, traînés dans la » fange, leurs coupables têtes portées au bout d'une

» lance, sembloient présager le juste sort qui nous » étoit réservé, & auquel la fuite nous a déro- » bés.

» O mon Pere ! l'indignation se peint sur votre » visage, & maintenant elle regne dans tous les » cœurs. Où fuir ? où aller cacher ma honte & mon » affliction ? Quel sera le peuple assez insensé pour » accueillir & protéger le crime, la trahison & la » scélératesse ? Comment oser prétendre à un asyle » à un refuge ! Mon nom seul ne sera-t-il pas le » premier chef de ma condamnation ? & ne sera-ce » pas rendre un important service à l'humanité, que » de plonger un poignard dans le sein de celui qui » vouloit lui-même être le bourreau d'un peuple en- » tier, pour repaître ses yeux de ce sanglant specta- » cle, & faire jouir une femme barbare & impitoya- » ble, des fruits de l'horreur qu'elle a conçue & » conserve encore dans son sein pour les Français, » qui l'adoroient au moment où elle méditoit leur » ruine ?

» Tonnez sur moi, grands Dieux ! que votre foudre » écrase sans miséricorde la déteſtable furie, l'objet de » mes lâches amours & de mes criminelles complaisan- » ces. Périssent de même les infâmes Princes qui ser- » virent nos perfides complots ; qu'un trépas ignomi- » nieux soit le salaire des traîtres dont la France est » infectée, & qui jouissent en paix du fruit de leurs » honteux larcins.

» Paris, cette superbe Cité, reine du monde, en » proie à la famine, n'offre plus qu'un tableau

» pitoyable, dont la face ne peut changer qu'en » détruisant les monstres qu'elle recelle dans son » sein.

» O Maître suprême des humains, vous exaucez » une partie de mes vœux! Un Prévôt des Mar- » chands, le Gouverneur de la Bastille, un Foulon, » un Berthier sont déjà les victimes que tu as aban- » données au ressentiment national, massacrées par un » peuple secouant le joug de l'oppression & de la ty- » rannie. Leur trépas, loin d'exciter la compassion, » fait naître la joie dans tous les cœurs, & les lam- » beaux sanglants de leurs corps déchirés, sont les » holocaustes offerts à la liberté.

» Tremblez Condé, Conti, Bourbon, d'Enghien, » & vous misérables artisants de la misere des Fran- » çais! Que le sort de vos semblables vous inspire » un effroi continuel! & si vous échappez à la lé- » gitime vengeance publique, puisse l'affreux ser- » pent du remord déchirer perpétuellement votre » sein!

» Tel est, ô mon Pere, le détail des iniquités que » l'orgueil & l'ambition m'ont fait commettre! Je » me résigne à la vengeance divine, & recevrai, » sans murmurer, le coup qui ne tardera sûrement » pas à trancher le fil des jours d'un infâme proscrit.

---

*N. B.* On invite le Public à ne point ajouter de foi au repentir tardif & forcé de S. A. S. on en doit diſtinguer toute la fauſſeté. Prions ſeulement l'arbitre des deſtinées que ſes derniers vœux, tout impoſteurs qu'ils ſont, ſoient exaucés ; que le deſpotiſme ſoit anéanti, les traîtres maſſacrés, & que nos enfants jouiſſent du précieux bonheur de poſſéder la liberté dont nous voyons commencer le regne.

F I N.

www.ingramcontent.com/pod-product-compliance
Lightning Source LLC
LaVergne TN
LVHW020451230826
846091LV00008BA/3154

* 9 7 8 2 3 2 9 4 3 6 1 5 9 *